Disney
JAKE Y LOS PIRATAS DE NUNCA JAMÁS

UNA DE SURF

Basado en el episodio ¡Vamos a surfear!, escrito por Nicole Dubuc

Escrito por Melinda LaRose

Ilustrado por Character Building Studio
y el Equipo de Ilustradores de Disney

everest

BUCKY
SKULLY
IZZY
CUBBY
JAKE

SHARKY
BONES
SMEE
CAPITÁN GARFIO

¡Saludos, marineros! ¿Queréis enrolaros en mi barco pirata? Entonces, decid la contraseña: *¡Yo ho!* Como miembros de mi tripulación, tendréis que aprender el juramento de los piratas de Nunca Jamás.

EL JURAMENTO PIRATA DE HOY

La sirena 
Marina
está enseñando
a  y su
Jake
tripulación a
hacer surf.

—¡Hooolaa!

—saluda una

nueva sirena—.

¡Qué divertido

parece eso del surf!

¿Puedo probar?

—pregunta a 

.

—Esa no es una sirena —dice Izzy —. ¡Es Garfio!

—¡Cuidado, marineros! —chilla Skully —. ¡Veo la aleta de un monstruo marino!

—No es un monstruo

—contesta  Izzy —.

¡Es  Smee !

—Ya tenemos la

 tabla de surf —dice  Garfio —.

¡Ahora vámonos!

PIRATAS REVUELTOS

Mira las imágenes de los piratas. Luego, traza una línea para unir cada pirata con su nombre. ¡Ojo, las letras de los nombres están revueltas! Primero tendrás que ordenarlas.

LYKSUL

KEAJ

ZYZI

BUCBY

¡VAMOS A NAVEGAR!

Jake y los piratas de Nunca Jamás han recorrido ríos y mares, pero se cansan de nadar y necesitan algo para flotar en el agua. Mira las imágenes alrededor de Jake. Rodea las que pueden ayudarlos a flotar en el agua.

—Esas huellas son de las aletas de Smee —dice Jake.

—Parece que Garfio se dirige hacia el río Rojo —observa Cubby.

—Cuidado, capitán —dice  Smee —. No vaya a despertar al  cocodrilo Tick-Tock.

Garfio golpea al cocodrilo con la tabla de surf.
¡El cocodrilo empieza a perseguirlos! Garfio y
Smee saltan al río Rojo.

—  Garfio se escapa

—dice  Marina.

—Se dirige al

río  arcoíris —añade  Cubby.

—¡Garfio nos lleva mucha ventaja! —exclama Skully.

—Qué pena que no seáis sirenas. Podríais bajar por el río nadando —dice Marina.

—Utilizaremos esta madera para ayudarnos a nadar —dice Jake.

—¡*Yey-hey*, así se hace! —exclama Izzy.

¡AL LADRÓN!

Lee el texto y rellena los espacios en blanco con las palabras que aparecen en el recuadro de abajo.

La _ _ _ _ _ _ _ Marina enseña a Jake y a sus amigos
a hacer _ _ _ _, pero Garfio se pone celoso y les roba
la _ _ _ _ _. Al huir con el señor Smee,
despierta sin querer al _ _ _ _ _ _ _ _ _ _ Tick-Tock,
que empieza a perseguirlos por el _ _ _.
Los piratas de Nunca Jamás los siguen, utilizando
una _ _ _ _ _ _ para nadar mejor.

cocodrilo río madera

tabla surf sirena

Navegando por el río

Jake necesita recuperar su tabla de surf. Ayúdalo a encontrar maderas para navegar por el río. Luego, cuéntalas y escribe el número debajo.

Hay ☐ maderas escondidas en la imagen.

—El río parece un  arcoíris

que va a dar a unas

 cataratas —dice  Smee.

—¿Has dicho... cataratas?

—pregunta  Garfio.

 Garfio y  Smee no pueden

parar.

—¡Suelta la  tabla de surf esa!

—grita  Garfio.

 Garfio y  Smee saltan de la 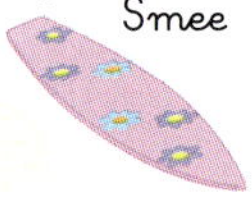 tabla de surf y se cuelgan de una  liana.

—¿Estáis bien? —pregunta  Jake.

—Estamos bien. Seguid por vuestro camino —responde  Garfio.

—¡Oh, no! La 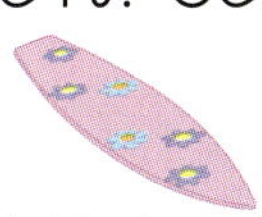 tabla de surf se dirige a las  cataratas —dice  Izzy.

—¡Cáscaras! —exclama  Skully —. ¡Ya nunca volveremos a ver la 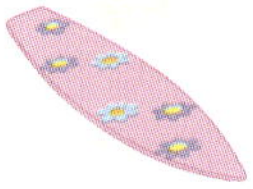 tabla de surf !

—Sí que la veremos —dice  Jake .

 Marina quiere ayudar

a  Jake:

—Te voy a echar

una aleta —dice.

Los dos nadan hacia

la  tabla de surf.

—¡Adelante, a toda

velocidad!

—exclama  Jake.

ACTIVIDADES PIRATAS

Los piratas de Nunca Jamás hacen muchas cosas para divertirse. Fíjate en las ilustraciones y escribe el número que corresponde al nombre de cada actividad. ¡Ojo, primero tendrás que rellenar las letras que faltan de cada uno! Pista: solo faltan las vocales.

1. H_C_R _N_ F_ _ ST_
2. V_L_R
3. H_C_R S_RF
4. T_C_R M_S_C_

La tabla robada

El capitán Garfio y el señor Smee se han llevado la tabla de surf de Jake, pero pronto tienen que abandonarla al darse cuenta de que los lleva a un sitio muy peligroso. Para averiguar cuál es ese lugar, rellena los espacios de abajo con la primera letra de cada palabra que aparece en las imágenes.

—Ten cuidado, Jake —dice Marina.

Jake salta sobre la tabla de surf.

¡Demasiado tarde!

—¡Tened cuidado!

—grita  Marina —.

¡Vamos a caer

por las  cataratas !

—Ojalá la 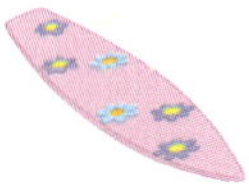 tabla de surf

pudiera volar

—dice  Marina.

—¡Sí que puede!

—exclama  Jake.

 Izzy rocía la 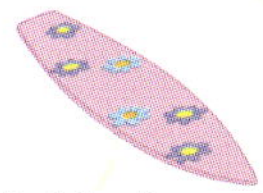 tabla de surf

con  polvo de hadas.

—¡Yuju! —chilla  Marina.

La 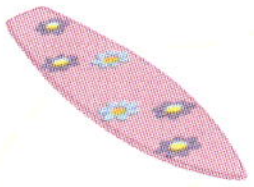 se eleva por encima del río .

—¿Queréis que os llevemos?

—pregunta .

—Oh, sí, gracias

—responde .

—¡A mí no me van a
llevar unos piratuchos
o un  pez volador!
—dice  Garfio.
—Lo que usted diga,
capitán
—responde  Izzy.

¡QUÉ LÍO DE TABLAS!

Para divertirse en la playa, no hay nada como una buena tabla de surf. Mira este montón de tablas. ¿Cuántas hay de cada tipo? Escribe las respuestas en los recuadros de abajo.

EL INGLÉS DE LOS PIRATAS

¡Aprende estas palabras relacionadas con la historia en inglés!
Luego, une cada imagen con su nombre en inglés.

SIRENA **MERMAID**	TABLA DE SURF **SURFBOARD**	RÍO **RIVER**
ARCOÍRIS **RAINBOW**	CATARATAS **WATERFALL**	HUELLAS **FOOTPRINTS**

FOOTPRINTS

RAINBOW

RIVER

MERMAID

WATERFALL

SURFBOARD

—¡Vamos a hacer surf!

—exclama 

.

—Vamos a cabalgar las olas —añade 

.

¡Jake y los piratas de Nunca Jamás lo pasan en grande!

—No podemos quedarnos colgados todo el día —dice 

. ¡PUM! 

salta sobre un leño.

—¡Estoy haciendo surf, 

!

Justo entonces oyen
«tic-toc, tic-toc».
—Eso no es un leño
—dice  Smee —. ¡Es
el  cocodrilo !

—¿A qué esperas?

—dice  —.

¡Sálvame,  !

—¡Enseguida voy,

capitán!

—responde  .

—¡Por haber resuelto

problemas piratas,

hemos ganado diez

doblones de oro!

—exclama 

.

—¡Genial! ¡Bien hecho,

chicos! —añade 

.

UNA DE SURF

Ahora que has terminado de leer la historia, contesta a las preguntas siguientes:

1 ¿Qué enseña la sirena Marina a los piratas de Nunca Jamás?

____

2 ¿Qué cree Skully que es la aleta del señor Smee?

____

3 ¿Por qué río huyen el capitán Garfio y el señor Smee con la tabla de surf?

____

4 ¿Cómo consiguen los piratas evitar que la tabla se convierta en astillas?

____

____

5 ¿A quién confunde el capitán Garfio con un leño?

____

____

¡VAMOS A PONER ORDEN!

Numera del 1 al 6 estas escenas de la historia en el orden correcto.

¿DÓNDE ESTÁ MARINA?

Encuentra todas las imágenes de la sirena Marina y rodéalas con círculos. ¿Cuántas hay en total? Escribe el número en el recuadro.

Hay ☐ imágenes de Marina.

Nadando por el río Rojo

Mira atentamente esta escena y luego contesta a las siguientes preguntas.

1 ¿Cuántas personas llevan chaleco salvavidas?

____

2 ¿Qué lleva la sirena Marina en el pelo?

____

3 ¿Dónde está escondido el cocodrilo Tick-Tock?

____

4 ¿Cuántas palmeras hay al fondo?

____

5 ¿Qué personaje lleva una bandana de color azul?

____

SOLUCIONES

Página 10

Página 11

Página 18

La sirena Marina enseña a Jake y a sus amigos a hacer surf, pero Garfio se pone celoso y les roba la tabla. Al huir con el señor Smee, despierta sin querer al cocodrilo Tick-Tock, que empieza a perseguirlos por el río. Los piratas de Nunca Jamás los siguen, utilizando una madera para nadar mejor.

Página 19

Hay 7 maderas escondidas en la imagen.

Página 26

4 3 2 1

1. HACER UNA FIESTA
2. VOLAR
3. HACER SURF
4. TOCAR MÚSICA

Página 27

Página 34

Página 35

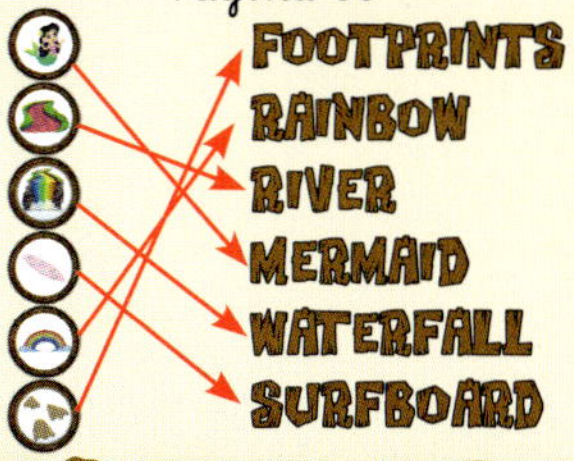

Página 43

1. La sirena Marina les enseña a hacer surf.
2. Skully cree que es un monstruo marino.
3. El capitán Garfio y el señor Smee huyen por el río Rojo.
4. Izzy rocía la tabla con polvo de hadas y así hace que vuele.
5. El capitán Garfio confunde al cocodrilo Tick-Tock con un leño.

Página 44

Página 45

Hay 8 imágenes de Marina.

Página 46

1. Tres personas llevan chaleco salvavidas: Jake, Izzy y Cubby.
2. La sirena Marina lleva una flor en el pelo.
3. El cocodrilo Tick-Tock está escondido tras los juncos en el río.
4. Hay tres palmeras al fondo.
5. Cubby lleva una bandana de color azul.

Adaptación del título original: *Surfin' Turf*

EDITORIAL EVEREST, S. A.
División de Licencias y Libros Singulares
Calle Manuel Tovar, 8
28034 Madrid (España)

ISBN: 978-84-441-6939-2
Depósito legal: LE. 555-2014
Printed in Spain – Impreso en España
Editorial Evergráficas, S. L.

© Disney
© Disney
© Disney
© Disney
© Disney
© Disney
© Disney
© Disney
© Disney
© Disney
© Disney
© Disney
© Disney
© Disney
© Disney
© Disney
© Disney
© Disney

© Disney

© Disney

© Disney

© Disney

© Disney

© Disney

© Disney

© Disney

© Disney

© Disney

© Disney

© Disney

© Disney

© Disney